DE LA NÉCESSITÉ
D'UN PORT

SUR LES CÔTES

DU GOLFE DE GASCOGNE,

POUR LE PETIT CABOTAGE DE FRANCE,

ET

NOTICE

SUR LES ANCIENS MARINS DE CAPBRETON ET SUR L'ÉTAT ACTUEL DE CE BOURG.

IMPRIMERIE DE DONDEY-DUPRÉ.

A PARIS,

Chez { RENARD, Libraire, *rue Caumartin*, N°. 12.
et DELAUNAY, *galerie de bois, au Palais-Royal.*

1814.

DE LA NÉCESSITÉ
D'UN PORT

Sur les Côtes du Golfe de Gascogne.

Capbreton est un bourg de France, célèbre par les fameux marins qu'il a fournis au commerce et à l'état, dans le tems de sa splendeur; il est situé sur la côte du golfe de Gascogne, à quatre lieues au nord de Bayonne. Son origine date de l'époque où les Romains conquirent la Gaule; et ses habitans font partie du peuple français, depuis le règne de Charles VII, qui réunit à sa couronne la Guienne et le pays de Labour, appartenant encore aux Anglais en 1451. Quelques restes de monumens antiques, parsemés sur la surface du sol; des fondemens de temples, de châteaux, d'édifices publics, prouvent que la révolution des tems a frappé ce bourg d'une manière accablante; car aujourd'hui, les propriétés foncières des habitans que le destin y a placés, et au nombre desquels j'ai l'honneur de compter, pour lutter contre les causes de sa destruction, figurent à peine dans le tableau cadastral des communes, qui forment le département des Landes ; tant l'infortune s'est attachée à leur sort !

Une espèce d'amour-propre, seul reste de leur ancien état de grandeur, a cependant soutenu et soutient toujours le courage des Capbretonnais : ils s'honorent de ce que les traces de leurs aïeux ne sont pas encore effacées, au point de ne plus les retrouver : on les voit ces traces, dans les titres précieux que chaque postérité conserve; elles se trouvent dans l'histoire, dans les archives de ce bourg, sous les yeux même de nos contemporains. Qu'il me soit donc permis de rapprocher quelques uns de ces documens authentiques, qui en certifiant l'existence de la prospérité de Capbreton, ramènent l'attention sur ce pays, et fassent découvrir les moyens de pouvoir lui rendre son ancienne splendeur, ou du moins, de prévenir sa ruine prochaine. Remontons d'abord à une des époques les plus reculées, et voyons dans les annales de la France, si les marins de Capbreton avaient ou non acquis des droits à la considération et à la reconnaissace publique.

Valin, dans son commentaire sur l'ordonnance de la marine, du mois d'août 1681, liv. 5, tit. 6 *de la pêche de la morue*, rapporte, au témoignage du traité de *Lamarre*, tom. 3, liv. 5, tit. 27,

chap. 5, « que l'origine de la morue est due aux
» Français, et principalement aux marins pêcheurs
» du *Capbreton* près Bayonne, qui découvrirent
» cent ans avant *Christophe Colomb*, l'Amérique
» Septentrionale. Ils firent cette découverte, à
» l'occasion de la pêche de la baleine qu'ils avaient
» déjà pratiquée sur leurs côtes. Ayant observé
» qu'elles s'en éloignaient en certaines saisons de
» l'année, ils s'appliquèrent à chercher la retraite
» de ces monstrueux poissons. Dans cette idée,
» ils poussèrent leur navigation jusques aux côtes
» du Canada : là ils trouvèrent, comme ils l'avaient
» prévu, plusieurs baleines; mais ils y firent en
» même tems une autre découverte, devenue
» dans la suite bien plus considérable et bien plus
» utile ; c'est-à-dire une pêche extrêmement
» abondante de morues, sur le grand banc de
» Terre-Neuve. »

L'auteur, pour appuyer son assertion, que ce sont effectivement les Capbretonnais qui ont découvert cette partie de l'Amérique Septentrionale, et qui ont les premiers pratiqué la pêche de la morue, apporte en preuve, que l'une des îles voisines porte encore aujourd'hui le nom de Capbreton (1).

---

(1) *Capbreton*, partie sud de l'île de ce nom. Elle est située à l'entrée du golfe de Saint-Laurent, entre l'île de *Terre-Neuve* et le cap de *Camseaux*. Cette île,

Des titres authentiques, conservés avec soin, nous confirment que, plus récemment, les marins de Capbreton armèrent, équipèrent à leurs frais, et montèrent eux-mêmes des bâtimens de guerre, pour aller stationner au bas de la rivière de Bordeaux, afin de concourir à préserver cette ville de l'invasion des Anglais; et que dans la déroute des Français qui arriva à la levée du siège de *Fontarabie*, au mois de Septembre 1634, les capitaines *Libet et Campan* de Capbreton, commandant chacun un brigantin armé, garantirent, par leur bravoure et leur intrépidité, le *Prince de Condé* de tomber au pouvoir des ennemis.

Tous ces hauts faits sont incontestablement honorables pour le bourg de Capbreton et pour la France elle-même; mais ils n'ont pu prévenir la ruine des fortunes de ses habitans, ni garantir la génération présente de la fatalité qu'elle éprouve.

---

d'environ cent lieues de tour, a trois ports excellens, dont un est nommé *port Toulouse*. (*Dictionn. Mor. et Trev.*) Cette autre particularité ne justifie-t-elle pas la tradition de Lamarre? Il est à croire effectivement que parmi les marins de Capbreton qui auront fait la découverte de l'île, il s'en sera trouvé quelques-uns de Toulouse qui auront voulu avoir aussi leur part à cette gloire, en donnant à ce port le nom de leur patrie.

Le mal qui s'est fait tant sentir à Capbreton, s'il a toujours été irrémédiable pour ses habitans, eu égard à leur peu de facultés, ne leur a jamais paru sans remède. Le sort de toutes les familles étant lié à l'industrie de la grande pêche en mer, faute d'autre, on trouvera consigné dans des registres de la commune, des projets, des devis, des cotisations, des retenues sur les produits de la pêche, pour établir un *havre* ou *port* qui put remplacer, (au moins pour le petit cabotage et la pêche du chien de mer), la rivière de l'Adour, qui, ayant été débouchée à l'Ouest de Bayonne, avait fait éclipser tout-à-coup de ce bourg le commerce hauturier. Mais tous ces efforts étant surnaturels, ne purent suffire seulement pour en poser les premiers fondemens. On eut alors recours aux suppliques, aux adresses, aux mémoires : on sollicita des secours auprès des autorités compétentes, auprès du gouvernement, et toujours en vain : peut-être même qu'aucunes de ces réclamations ne sont jamais parvenues au pied du trône. Et cependant quel a été et quel est encore aujourd'hui le but de l'établissement que les Capbretonnais sollicitent ? Ils ont un grand intérêt, il est vrai, à voir prospérer l'industrie de la pêche ; mais les communes voisines, qui fournissent au commerce du *seigle, maïs, brai, goudron, thérébenthine, charbon, planches* et *bois de construction*, dont le transport aux marchés de Dax ou de Bayonne absorbe plus d'un quart de la valeur de ces productions, compteraient-elles donc pour rien? le commerce du petit cabotage lui-même, qui éprouve des pertes énormes tous les hivers, par les naufrages, sur ces côtes redoutables, ne réclame-t-il pas, pour sa prospérité, un port de relâche dans ces parages, puisque la barre de Bayonne est inabordable par les gros tems? Les cris de l'humanité seraient-ils donc étouffés au point de ne pouvoir se faire entendre en faveur de tant de malheureux marins caboteurs, français et étrangers, que les tempêtes vomissent tous les ans sur la plage, faute d'un petit port qui leur présenterait un refuge assuré, et où ils trouveraient un abri momentané (1)? Enfin qui ne verrait l'intérêt particulier,

---

(1) S'il fallait recourir aux exemples de naufrages sur les côtes de Capbreton, depuis *Bayonne* jusqu'à *Mimisan*, j'en pourrais citer par centaines à ma connaissance. Mais que l'on questionne seulement plusieurs veuves et beaucoup de mères qui existent encore à Capbreton; elles rappelleront qu'un jour de fête de la Pentecôte, dans l'avant-dernière guerre, un convoi nombreux étant rassemblé à la barre de Bayonne, mit à la voile le matin, et le soir du même jour elles furent reconnaître sur la plage, les unes leurs maris, et les autres leurs enfans noyés, parmi les débris des navires.

lié étroitement à l'intérêt général dans l'établissement d'un havre, pour lequel la nature a déjà fait la moitié de l'ouvrage ? Oui, la nature a fait la moitié des travaux: elle en a fait plus qu'il n'en reste à faire. Un abîme profond attend les sables, que les marées descendantes entraîneront avec elles. Ce phénomène étonnant (1) existant sur un seul point d'une côte périlleuse, en impose aux tempêtes et protège le navigateur. Un bassin abrité par les dunes y attend les bâtimens en

---

(1) Le *Gouf*, ainsi nommé par les marins de Capbreton, est un espace d'environ un demi-quart de lieue de large, d'une profondeur inconnue dans beaucoup d'endroits, et perpendiculaire à la côte vis-à-vis le bourg, sur une longueur indéterminée. La mer, par les plus fortes tempêtes, n'y est jamais agitée au point d'y être dangereuse, tandis que de chaque côté et à une très-petite distance, les bancs de sable et les hauts fonds qui s'étendent au loin, la rendent, par les moindres vents, épouvantable. C'était à ce gouf qu'on aurait dû fixer l'embouchure de l'Adour ; le Gouvernement y aurait économisé des millions; le commerce du cabotage n'éprouverait pas des pertes ruineuses ; les marins ne seraient pas exposés journellement à périr sur la barre de Bayonne : cete dernière ville n'en ferait pas moins un commerce très-étendu : enfin, Capbreton, ainsi que dix ou douze communes environnantes, ne seraient pas dans la détresse où elles se trouvent.

relâche : de vastes étangs recèlent des eaux abondantes, pour faciliter la circulation des denrées à plusieurs lieues à la ronde et pour alimenter les canaux de communication dans les tems de sécheresse : les forêts de pins se lassent d'ombrager un sol stérile; elles envient une destination plus noble et plus utile; elles veulent contenir les dégradations des sables et arrêter la violence des vagues. Oui, la nature a tout disposé; mais là comme ailleurs, elle attend les bras de l'homme pour la seconder !

J'ai dit que sans doute les sollicitations des Capbretonnais, depuis le déplacement du lit de l'Adour, ne sont jamais parvenues jusqu'au trône ; cela paraîtrait croyable ; car d'après le langage paternel du meilleur de tous les monarques, on peut penser qu'entre les princes qui gouvernent, et les sujets qui obéissent, il existe souvent des barrières insurmontables. Celui dont le nom seul embrâse d'amour tous les cœurs des Français, celui qui a été enlevé à son peuple, à ses enfans, par le fanatisme, mais qui vivra éternellement dans leur mémoire, les connaissait ces barrières; mais il en tenait lui-même les clefs dans ses mains..... *Si je puis vous être utile à quelque chose,* écrivait *Henri IV* à ceux de ses sujets qui lui paraissaient dignes de sa protection royale, *remettez vos lettres à l'envoyé que je dépêche vers vous, il me les fera tenir sûrement......* Dans ce tems heureux, s'il en fut jamais, les habitans de Capbreton étaient loin de penser, que la plaie que le bon Henri venait de leur faire, en faisant disparaître l'Adour de devant leurs portes, serait devenue un mal presque incurable pour leurs descendans. Ce tendre père de tous ses sujets ne croyait pas non plus qu'en rendant la ville de Bayonne opulente, il allait, je ne dis pas ruiner un des plus grands bourgs de France, mais appauvrir plusieurs cantons de cette dépendance, à qui il ne devait rester pour le débouché des productions de leur sol, que des chemins pénibles dans des sables mouvans, presque impraticables. Un siècle de prospérités a dû néanmoins bannir long-tems l'infortune de nos contrées. L'Adour se voyant forcée à prendre une direction qui ne lui était pas naturelle, menaçait chaque jour de rompre les digues qu'on lui avait opposées; il fallait le concours de tous les bras, l'autorité de tous les magistrats, l'assistance même de ceux qui avaient le plus d'intérêt à la revoir sous leurs murs : mais tel était l'ascendant de la fidélité et de l'amour des Capbretonnais pour leur magnanime souverain, qu'ils sacrifièrent tout au devoir pour seconder ses vues : ils se virent inopinément privés d'une grande rivière navigable, sans se mettre en peine de réparer alors cette perte par quelqu'autre moyen, qui leur devenait assurément bien facile : ils n'auraient eu qu'à parler, qu'à écrire une simple lettre à leur roi, pour lui faire connaître leurs besoins ; et si la grande navigation leur avait été enlevée pour toujours, celle du cabotage et du commerce de la pêche leur aurait été donnée du moins en compensation. Rapportons textuellement une lettre de Henri IV aux jurats de Capbreton, et voyons si les termes dans lesquels elle est exprimée, ne le laissent pas à penser.

« Messieurs, écrit cet incomparable monarque
» à nos magistrats, le capitaine *Dulac*, présent
» porteur, s'en allant par devers vous, j'ai bien
» voulu faire la présente pour vous assurer de
» plus en plus de mon amitié et bonne volonté
» en votre endroit, ainsi que je lui ai ordonné
» vous le témoigner de ma part; aussi, s'il sur-
» venait quelque chose qui méritât que j'en fusse
» averti, et en quoi vous pensiez que je puisse
» vous faire du plaisir, croyez que ce sera de bon
» cœur, et ne faudra que bailler vos lettres audit
» Dulac qui me les fera tenir sûrement, l'ayant
» envoyé dans vos quartiers pour veiller et avoir
» l'œil à la conservation de mon *port d'Albret* (1),
» et ce qui en dépend ; à quoi je vous prie tenir

---

(1) Port de Bayonne.

» la main, et faire en sorte que toutes choses
» aient la fin que je désire : ce que me promet-
» tant de vous, je ne vous en dirai davantage
» pour prier Dieu vous avoir, Messieurs, en sa
» sainte et digne garde. *De l'Ile-en-Jourdain,*
» *le 4 janvier* 1594. Signé *votre bon ami* Henri ».

Mais le sacrifice des Capbretonnais eût été sans mérite, s'il n'avait été tout entier : nos aïeux étaient riches, ils étaient généreux; ils ne voulurent point se rendre importuns envers leur souverain, sans y être contraints par la nécessité. D'ailleurs, est-ce que l'ordre des tems pouvait déranger l'ordre des générations? Le trône avait ses successeurs ; les Capbretonnais avaient leur postérité : le terme où le mal devait se faire sentir, devait naturellement signaler le moment de mettre la main à l'œuvre.

Cependant, ce que l'esprit humain n'a pu prévoir est arrivé. Un bouleversement général s'est opéré de nos jours dans l'ordre social et politique de l'Europe : tout en France, hommes et choses, a été menacé d'une destruction totale, et devait se renouveler. Et en effet, après avoir vu tout anéanti, ne voyons-nous pas tout se régénérer?....
Le bourg de Capbreton aura donc son tour.
Henri IV ne règne plus; mais son petit-fils, héritier de son amour pour ses sujets, le remplace.
N'attendons pas que son digne rejeton nous écrive;

les soins que l'administration de son royaume exige momentanément, absorbent tous ses loisirs; mais présentons-lui respectueusement le tableau de nos besoins, et il y pourvoira : n'hésitons pas à lui faire connaître, d'abord dans l'intérêt général, qu'aujourd'hui le commerce du cabotage et l'humanité réclament sa bienveillante protection ; ensuite, dans un intérêt particulier, que nos braves marins de Capbreton n'ont depuis longues années, dégénéré dans l'art de la navigation, que par l'effet de la situation pénible, où se sont trouvés tous les principaux armateurs, obligés de quitter leurs foyers après y avoir consommé leur ruine : aussi notre pays n'offre dans ce moment que le triste aspect de sables arides, de maisons délabrées et de familles souffrantes (1).

Me trouvant, par suite des évènemens, placé au ministère des manufactures et du commerce en 1812, où je vis un moment opportun, pour renouveler les démarches qu'exigent les formalités à remplir par les autorités constituées pour l'éta-

---

(1) Ce n'est pas de Capbreton seulement que j'entends parler, mais bien de toutes les communes du Maransin qui se trouvent immédiatement placées, comme ce bourg, au bord de la mer, depuis Bayonne jusqu'à Mimisan. On y trouve sur-tout le *Vieux-Boucaut,* où l'Adour avait son embouchure autrefois, dans un état de délabrement qui inspire la pitié.

blissement d'un port, je me hâtai de recueillir, dans les bureaux de cette administration, des instructions relatives à ces sortes d'entreprises, et de les transmettre aussi-tôt à M. le Maire de Capbreton, en y joignant l'idée d'un plan d'exécution le plus simple, le plus économique et le plus approprié à la localité. Le conseil municipal de la commune, assemblé extraordinairement à cet effet le 4 août 1812, prit un arrêté tendant à solliciter de l'autorité compétente les moyens d'établir un hâvre à Capbreton, depuis long-tems nécessaire et urgent pour la pêche et la navigation du petit cabotage. En conséquence de ces dispositions, et après avoir fait visiter les lieux par des ingénieurs des ponts et chaussées, M. le Préfet des Landes était sur le point d'en proposer l'exécution au gouvernement d'alors, quand les circonstances critiques d'une guerre sans exemple, vinrent spontanément paralyser la marche de toutes les entreprises de ce genre.

En dernier lieu, et à l'époque où Monseigneur le Duc d'Angoulême a paru dans nos cantons, tous les habitans de Capbreton, réunis en corps, se sont empressés d'entourer la personne de ce bon prince, pour lui présenter l'hommage de leur fidélité et de leur dévouement, et lui exprimer en même tems leurs vœux et leurs besoins dans une pétition que l'autorité locale a eu l'honneur de présenter à Son Altesse Royale. La hiérarchie administrative ayant fait tomber cette pétition entre les mains du Ministre de l'Intérieur, Son Excellence en a fait la remise le 20 août dernier à la direction des ponts et chaussées; et le 10 de ce mois, M. le Directeur-Général de cette administration l'a renvoyée à l'autorité départementale.

Aujourd'hui nous devons espérer que M. le Préfet des Landes prendra en considération nos respectueuses sollicitations, et qu'il daignera soumettre l'exécution de ce hâvre indispensable au Gouvernement paternel que le Ciel vient de rendre à la France, d'autant que notre auguste Monarque ne demande qu'à connaître l'existence du mal, qui pèse sur ses sujets et qui porte atteinte à sa gloire, pour d'abord l'adoucir, puis, avec le tems et le secours de la Providence, pouvoir le faire disparaître.

Paris, le 30 Septembre 1814.

GROUVEL,

Ex-Adjoint au Maire de Capbreton, et Membre de la Société d'Agriculture de Mont-de-Marsan, Rédacteur à la Direction générale de l'Agriculture, du Commerce, Manufactures et Arts.

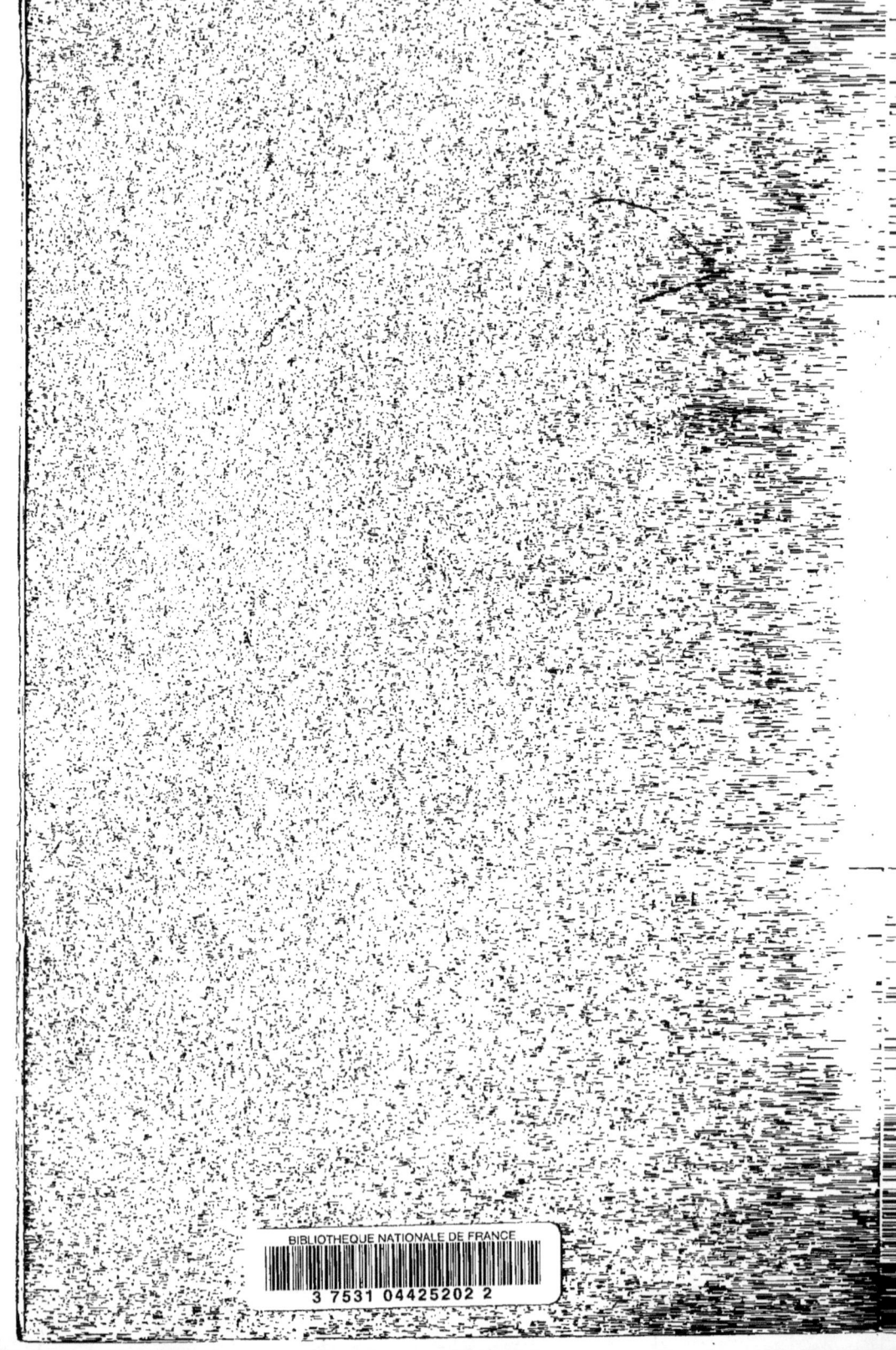

www.ingramcontent.com/pod-product-compliance
Lightning Source LLC
Chambersburg PA
CBHW070533050426
42451CB00013B/2995